JN440377

벽암과 놀다

이명 시집

시인동네 시인선 051

이명 시집

벽암과 놀다

시인동네

시인의 말

북명(北溟)을 생각하며 바다와 마주섰다.

비록 알지 못함으로 시작하지만 가슴이 뛴다 벽암,

바다에는 창이 없으므로 나는 바다를 향해 몇 개의 창을 냈다.

바라보는 바다는 세숫물처럼 대야에 담겨 있다.

새벽마다 그 물, 당신께 올린다.

농암(聾巖)은 벽암(碧巖)을 어떻게 바라봤을까.

2016년 동해서실(東海書室) 명련재(溟蓮齋)에서

이명

차례

제2부

제3부

제4부

제1부

몽유병 환자처럼

비 내리는 마로니에 공원 앞 횡단보도
한 움큼의 약 봉지를 받아들고 약국을 나왔다
신호등은 선혈처럼 붉었다
맞은편 신호등 옆에는 박인환이
만삭의 젊은 여인과 함께 핏기 없는 얼굴로 서 있고
그 곁에 버버리 옷깃으로 얼굴을 반쯤 가린 김수영이 서 있었다
몇 사람 건너 백석이 창백한 얼굴로 서 있는 것이 보였다
하늘에서는 이상이 반팔 옷을 입고 비를 맞으며 막 내려오고 있었다
저들은 왜 또 추적추적 비를 타고 내려와 여기에 있는가
태우다 남긴 꽁초와 마시다 남은 해장술과
마무리하지 못하고 버려둔
너덜거리는 몇 줄의 시 때문인가
잎은 지고 바람은 불고 비는 내려 질척한 보도에서
나는 플라타너스 줄기를 타고 흘러내리는 빗물을 바라보며
저들이 길을 건너올 때까지 기다리며 서 있었다
떨어지는 누런 잎을 바라보고 있었다

분강송(汾江頌)

농암(聾巖)이라는 말은 귀머거리 바위라는 말인데
귀머거리 바위는 바위에도 귀가 있다는 것인데
귀가 먹었다는 바위를
백부님은 평생 가슴에 애지중지 품고 다니셨다
종제(從弟)는 그것을
가송리 애일당 정자 아래 귀하게 모셔다 놓았다
몇 차례 옮겨 다닌 세월에
부서져 조각난 것을 정성스레 맞춰놓기는 했는데
내가 보기에 아무래도 귀가 사라진 것만 같다
예전에
귀머거리 바위가 듣지는 못해도 춤을 추었다는 사실을
애일당구경첩 그림에서 보았다
남녀 귀천을 가리지 않고
부모님을 위하여 팔순 이상 노인들을 모셔놓고
해마다 양로연 잔치를 벌였다는데
글쎄 그 너른 마당에서 안동부사 직책도 잊어버리고
때때옷을 입고 춤을 추었다는 것인데
그래서인지 백부님 살아생전에

여태까지 솟을대문이 하루도 닫혀 있는 것을 본 적이 없다
배 띄워 노래까지 불렀다는 분강(汾江)에
지금도 중구일(重九日) 무렵이면
때때옷을 입은 은어들이 수면에 올라
흐드러지게 춤을 추고 있다고 한다

중심을 잡는다는 것

알 없는 검은 뿔테안경을 쓰고 아이가 돌아왔다

옛집에는 거미들이 부락을 이루며 살고 있고 뼈대만 남았다

거미줄이 기둥과 기둥을 붙잡고 있었다

아이는 안경 뿔테에 알을 갉아 먹는 우주 생명체가 있다고 했다

해가 서산에 걸리자 힘에 부친 듯 뒷산이 23.5도 기울었다

아버지가 심어놓은 나무들은 앙상하게 비탈에 서 있었다

바람이 잎들을 깡그리 대출해 갔다

몸에 일곱 개의 구멍을 뚫자 혼돈이 죽어버렸다

마른 잎에도 도가 있고 불성이 있다며 아버지는 늘 뭔가를

홍얼거렸다

아이가 돌아온 저녁, 그때 들은 한시 한 구절이 어렴풋이 생각난다

아버지가 그러했듯이 중심을 잡기 위해 그래, 나도 나무 자세 한 토막에 열중한다

투명 안경 속에는 투명 세상이 있다고 아이는 말한다

북한산 석주(石柱)

대남문 오르는 길 석주(石柱) 하나 계곡에 비스듬히 누워 있다
반듯하게 각진 돌기둥,
아직 근력이 남아 있는 듯 울퉁불퉁하다
커다란 석주를 만날 때마다 생각해보는 것은
저 석주가 어디에서 무엇을 받치고 있었느냐를 상상해보는 것인데
그때마다 묘하게도 내 신분이 달라져 있다는 것이다
어느 날은 서생이 되어 고갯길을 오르내리는 나를 발견하기도 하고
어느 날은 광대가 되어 한바탕 신바람 탈춤을 추고 있는 나를 만나기도 한다
그때는 어깨춤이 절로 난다
또 어느 때는 성황당을 받치고 있던 기둥인 것 같은 생각에 나는 무당이 된다
석주에 앉아 그 몸을 쓰다듬을 때는 석공이 된다
나는 평생 한 우물을 파며 살아온 것 같지만
고갯길을 오를 때마다 저 석주가 내게 일러주는 것은

내 속에도 온갖 내가 있어 날마다 신분을 바꿔주고 있다는 것인데

오늘은 석주에 발이 걸려 넘어졌다

석주 곁을 어슬렁거리던 역마살 낀 장돌뱅이였을 나를 석주가 넘어뜨린 것이다

눈을 치켜뜨고 금방이라도 준엄하게 한 소리 내뱉을 것만 같은

석주를 지날 때마다

세찬 바람이 불고 나무가 흔들리고 물소리는 요란하다

생각하면 할수록 계곡은 깊어지고 석주는 살아 있다

후투티에게

볼 때마다
아프리카풍 정장 차림에다
밤낮으로 머리에 쓰고 있는 깃털모자

언제 벗을래

오늘따라
세워 올린 모자가 더욱 뚜렷하구나

너는 사생활도 없니?

창틀 수묵화

창밖 빨랫줄에 널어둔 무청,
굵던 줄기 실오라기처럼 늘어졌다

옛사람은 가고
나일론 줄에 걸려 있는 그림자
아침마다 보고 있다

언젠가는
무청 한 올 더 늘어나고 그림은 옅어지고
나는 말라갈 것이다

이 그림을 보는
누군가의 아침도 깊어질 것이다

몸으로 말하다

독짓골 백양나무, 바람이 불 때마다 솜털이 날린다

나무의 겨드랑이에서 나온 하얀 솜털에서는 비린내가 난다

땅바닥에는 새의 발자국 같은 잎맥이 화석처럼 남아 있다

풀풀, 그 많은 솜털을 날려 보내는 것은 몸통 가득 꽉 찬 화기(火氣) 때문이다

공중을 부유하며 바람을 타는 방법을 터득하는 것도 더 높이 솟아오르기 위함이다

난다는 것

새의 부리를 갖는다는 것

그리고 몸에 새의 발 문신을 새긴다는 것

>

저, 백양나무

밑동이 부르튼 건 그리움 때문일 거야

붉은 쏨뱅이

어둠을 먹으라시면 어둠을 먹겠습니다
어둠의 가시에 찔리라시면 찔리겠습니다

모래톱을 밟으며 밀려드는 물결을 하염없이 바라봅니다
모래사장엔 거품꽃이 수없이 만발합니다
모래는 그 많은 꽃잎을 먹으며 배가 부릅니다
발등 위로 피었다 순식간에 사라지는 꽃을 보며 나는 할말을 잊습니다

더 이상 기억할 것도 없이
추억조차도 거품이 되는 해변에서 나는 이상하리만큼 무감각합니다
병자처럼 생각이 없다는 것이
정말 편안합니다

어둠과 뒹굴며 놀다보니
나도 어둠이 다 됐습니다

어둠의 만찬에 당신을 초대했지만
이제는 더 이상 사랑하지 않겠노라는
바다가 전해준 두루마리를 읽고 있을 뿐입니다

너도바람꽃

바람이
빨래의 물기를 말끔히 거두어 가면
빨래는 가벼워진다

네 속에 든 바람이
내 안의 물기를 거두어 갈 때
나도 가벼워진다
어디로든 날아가고 싶어진다

산이라도
바다라도
사막이라도
비록 그곳이 미명일지라도
내가 날아가는 그곳에서

휘이, 휘이
너는 더없이 가벼워질 것이지만

>

길 없는 길을 날며
찾고 또 찾아봐도 냉랭함과 스산함뿐

차라리 네 하얀 솜털에 묻혀
훅 불면 날아가는
나도 바람꽃이면 어떻겠니

초병에게

고통 없이 자라는 나무가 어디 있겠느냐
인내해야 한다는 것은 힘든 일
삶이란 슬픔의 연속이라서 바다도 멍들어 검고
하늘도 푸른 것이다
외롭지 않는 나무가 어디 있겠느냐
지켜내야 한다는 것은 어려운 일
햇살도 문틈을 비집고 들어와 아랫목에 자리 잡고
바람이 문풍지를 흔드는 것이다
날이 계속 맑으면 땅은 사막이 된다는데
좋은 날만 있다는 것이 좋은 것만은 아니지 않느냐 청춘아
인내를 배우기 위해
나무도 이 무더위에 푸른 옷을 겹겹이 걸치고
혹한에는 옷을 벗는 것이다
저 굴곡의 벌판에
홀로 말없이 서 있는 것이다
어떤 구차함도 필요 없는 것이다

하늘 바다

구름 한 점 없는 하늘로 까만 점 하나 흘러갔다

하얀 줄을 그으며 갔다

선명한 줄은 부풀어 점점 퍼져나갔다

비행기도 하늘에서 물보라를 일으키는구나

하늘도 깊어지면 바다가 되는구나

저기에도 섬이 있겠다

승빙(乘氷), 물의 탑

탑사 오르는 길
눈 덮인 돌탑 사이

사발에 담겨 있던 물
밤사이
탑 하나 세워놓고 있다

속살을 열고 비틀어 올린 울퉁불퉁한 탑

탁발하며
한 켜 한 켜 비스듬히 쌓아올린 혼백 같은

탑은 여기저기
굳은살이 박인 듯 뭉툭하다

혼신을 다한 흔적, 명경처럼 빛난다

화엄진경 물의 나라

>

몸이 얼어붙고서야 속을 드러내는
물은 지금 동안거 중!

허공 노마드

백복령 산길을 오르다
공중에서 미끄러지듯 낙하하는 거미와 맞닥뜨렸다

머구리가 줄을 달고 바다 밑을 탐색하듯
멈칫 내 눈 앞에 멈춰선 낙하 물체
방금 어느 별에서 줄을 타고 내려온 검은 털 로봇 같았다

나와 마주친 그도 놀란 듯 허공에서 죽은 듯이 고요했다

산들바람 한 줄기 불어오자
거미는 건너편 가지로 재빠르게 날아올랐다

투명한 점액질의 줄 하나
공중에 늘어지는가 했더니 순간 그 줄이 내 목을 감았다

손으로 뿌리치자 줄은 허공으로 나부꼈다

누군가의 손이 보이는 것 같았다

무문관 견공

청량사 아랫마을
범종 소리 들리자 개가 짖는다

산사를 향해
허공을 향해
어둠을 보며 캄캄 어둠을 짖는다

한 생각을 깨뜨려야 생사에서 벗어난다는 것
허공에도 꽃이 핀다는 것

어두울수록 내 마음이 환히 밝아오는
거침없는 소리

즉심즉불(卽心卽佛) 비심비불(非心非佛)

너도 듣고 있느냐

호야나무 아래서

해미읍성, 300년 넘은 호야나무 아래서
동쪽으로 길게 뻗어나간 가지 하나 보았죠

흐릿하게 남아 있는 철사 자국

밤을 새운 별들이
새벽이 오기 전에 떠나가듯이

사랑은 헤어짐에 있고
먼 곳에서 바라보는 것에 있음을
별빛을 보고서야 알았죠

신앙이 철사 줄에 묶여 가지에 오르고
신앙이 낙엽이 되고
신앙이 별이 되어 하늘에서 빛나는

그날이 오늘인지는
눈물을 흘리며 떨어지는

별 하나를 보고서야 알았죠

우리가 서로 바라보며
너와 나의 별이라 불렀던 그 별과도 이별이에요

내일 밤이면
저 하늘 한 개 별이 되어 떠오르겠죠

더 큰 사랑이겠죠

지하 주차장 노마드

타르쵸, 바람이 읽고 가는 경전처럼
아득하게 천장에 도열해 있는 LED 형광등불,
풍화된 뼈들이다

형광등 밑을 지날 때마다 주검들이 일어서듯
뼈들은 머리 위에서 하나씩, 깜빡깜빡 저절로 밝아졌다 흐
려진다

바람의 흔적인가 뼈의 빗금들은
내 전생을 들먹이던 나이 든 여승의 가물가물한 눈빛도 보
인다

유목의 냄새가 나는 어둠 속에서
그리움도 빛이 된다 빛이 그리움이듯이

이제 막,
타클라마칸을 건너 온 낙타처럼 차 한 대가 들어서고
모래 먼지 속 기억들이 되살아나고

내게도 무슨 할 말이 있는 것처럼 뼈들은 새삼 깜빡인다

어둠도 불빛도 뼈들도 밀폐된 공간도
이제는 모두가 낯설지 않다

바람이 읽고 가는 경전처럼
나부끼는 깃발처럼

타르쵸, 비로소 당신을 만난다

벽암과 놀다

청량산 계곡은 도서관이다
푸른 이끼로 제본된 고서 한 권을 꺼내 읽는다
이끼들이 무성하게 자라나 촘촘한 표지에서
전단향 냄새가 난다
바위를 제목으로 게송(偈頌)을 서문으로
첫 장부터 알 수 없음으로 시작되는 목차를 뒤적인다
풍자와 독설을 본문으로 동문서답하는
곧추선 발끝마다 번뜩이는 푸른 이끼들의 화려한 군무(群舞)
개나
소나
똥막대기나
뜰 앞의 잣나무나
문장은 짧고 단순하다
마음도 짐이 될 때 벗어 던져라 이르시는
송고백칙(頌古百則) 바위 속
묵직한 한 줄의 문장과 씨름하는 푸른 밤
몰두할수록
나는 더욱 가벼워진다

제2부

고욤

달이
지구 주위를 돌다가 허물어져 반쪽이 되고
끝내는 푹 삭아
삭아서 캄캄 어둠이 되고 마는

네 주위를 맴돌다
시커멓게 타버린 날이 내게도 있었다

금환일식

눈부신 오월에

어디서 흘러왔는지도 모르는 우리가

캄캄 하늘, 떠돌이별이었던 낯선 우리가

해가 달을 온전히 품어 하나 되듯이

황금빛 반지를 만들어내듯이

나는 너의 후광이고 싶다

그 반지 네 손가락에서 빛나는 지금 이 순간

우리는 붙박이별이다

붙박이별의 사랑은

하는 것이 아니라 해야만 되는 것이다

그래서

황금마차를 타고

저 넓은 우주로 떠나가는 것이다

어떤 소통

크리스마스가 다가오는 어느 날 오후
부산으로 옮겨온 한국거래소 본사로 가기 위해 택시를 탔다

거래소 통합 상황을 대충 아는 나이 든 택시기사
"선물거래소 말이지예?"
"네, 그쪽으로 갑시다"
가는 도중 힐끗힐끗 내 눈치를 살피더니 조심스럽게
"고민이 하나 있어 그런데예 뭐 하나 여쭤 봐도 되겠습니꺼?"
"예, 무엇이든지요"
"어린 손녀 선물(膳物)을 살려고 그러는데 뭘 사야 할지 몰라서예
며칠 동안 고민 중에 있심더
거기 거래하는 선물 중에 뭐 마땅한 거 없을까예?
좀 골라봐 주이소"

몇 년 동안 선물(先物)거래소 손님을 태워 주었다는 택시기사
궁금하긴 했어도 그동안 참고 참았던 질문이었다

번쩍, 눈이 뜨이는 순간이었다

하늘 문

숫구멍이 굳어진 날 이후
정수리가 화끈거리고 머리가 빠지고 가마 부근이 밝습니다

병이 깊어 더럭, 먼 하늘을 바라보는 날이 많았는데
막힌 통로가 이제야 뚫리는 듯
벌목이 시작되고 집들이 헐리고 신작로가 생기고
먼지 펄펄 날리던 날처럼 혁명입니다

작업이 끝나 문이 생기고
그 문을 열고 나서면 길은 하늘로 나 있을 겁니다
그 길을 따라 가면 당신도 만날 수 있겠지요
새털구름밭에서 내 영혼의 무게도 한없이 가벼워질 것입니다만

이제 내 안도 정리해야겠습니다
방을 만들고
칸칸마다 꽃을 심어두고
그 문으로 당신도 내려와 머물 수 있도록

곳간에 양식을 가득 채워두겠습니다

물동이 머리에 이고 뚝뚝 떨어지는 물을 한 손으로 훔치며
당신이 돌아오던 저녁처럼 그렇게
나도 새로 난 문을 머리에 이고 다니겠습니다

문을 활짝 열어두겠습니다

하늘 죽비

오늘 새벽 번개가 내리치고 천둥소리가 요란했다

어둠은 쉽게 물러가지 않았다

폭우가 쏟아지고 순식간에 물바다가 되었다

길이 사라져버렸다

순간, 나는 나의 잘못을 헤아렸다

부처님 손바닥

철커덕 소리에 놀라 돌아보니
골목 입구 포장마차 달아오른 쇠틀이
물컹물컹,
붕어들을 토해내고 있다

푹 눌러쓴 모자 속 눈빛이 예사롭지 않다

철판 위 붕어들은 무상무념
가지런하다

폐쇄회로 카메라를 피해 신작로로 나서는데
순간 전깃줄에 앉아 있는 참새가 섬뜩하다

참새의 두 눈도 렌즈 아니겠는가
낮달인들 공연히 나와 있겠는가

예안장터에서

눈이 쏟아지던 날
펑 소리와 함께 강냉이 튀밥 하나
자루 속으로 들어가지 않고 눈 속으로 날아들었다

기다렸다는 듯
점프대를 벗어난 스키어처럼 하늘 높이 솟아올랐다

눈과 뒤섞여 한동안 공중을 부유했다

캄캄 어둠을 벗어나
가볍게 뛰어든 허공 속

압축을 풀며
새털처럼 날아가는 자유가
가벼운 몸놀림이
정신을 놓아버려도 될 이 아침에
바람이 뜨거운 몸을 밀고 날아가고 있었다

내 유년의 일탈처럼
가벼워지고 싶다는 말 속에는 어둠이 있었다

곧 입춘이 올 것이고
어딘가에서 가난한 싹 하나 틔울 것이다

어둠도 하얀 꽃으로 피어날 것이다

살바도르 달리의 시계

띄엄띄엄 쉬었다 가는 듯 탁상시계 초침이 느릿느릿 가요

한 번에 8초씩 뭉텅뭉텅 움직이고 있어요

30년 넘은 탁상시계, 볼 때마다 아슬아슬하지만 그래도 시간은 정확해요

종종걸음의 시간은 이제 지나갔어요

한꺼번에 핀 꽃들은 발칙해요

뭉툭뭉툭 지는 꽃들이 서러워요

초원에서의 경쟁은 치명적이에요

달팽이는 밤에만 느리게 움직여요

밤마다 부빙(浮氷)처럼 떠도는 당신을 보고 있어요

내 속에도 느려지고 무뎌지는 고동 소리가 있어요

나 이제, 시간을 뭉텅뭉텅 잘라 먹을까 봐요, 초침처럼 가볍게

내 안에 든 당신, 밤이 환해질 거예요

태엽이 다시 팽팽해질 거예요

시간의 형태

편백나무 한 그루 베어졌다
단면을 들여다보았다

나보다 몇 곱절이나 많은 나무의 생애가
단 한 면에 요약되어 있었다

밖으로 번져나갈수록
굴곡지고 휘어진 띠와 띠 사이
여백에 피어 있는 삶의 내막

그간의 곡절이 몽글몽글 수액으로 돋아났다

육중한 몸은 도시로 향하고
밑동은 이제 시간을 털어내고 있는 중

저녁 해는 산짐승같이
그늘을 끌고 막 서산을 넘어가고 있는 중

쇠비름

목단강 발해 궁전 옛터
2궁과 3궁 사이
커다란 쇠비름 한 포기 납작하게 홀로
땅바닥에 붙어 있다

아직 공중을 돌아다니는
열기가 식지 않은 바람과 대면하며
펑퍼짐하게
풀 한 포기 없는 통로에 바짝 엎드려 있다

궁에서는
섣불리 어느 한 줄기라도 일으켜 세워서는 안 되는
그 관습 그대로
녹색과 자색이 어우러진 도포를 펼치고 몸을 낮춰
이제는 아예
나사못처럼 박혀버린 잡풀 하나
폐허의 터에 문장(紋章)으로 남아 있다

낙산에 내리는 눈

눈이 춤을 춥니다
혜화역 1번 출구, 낙산빌라 오르는 길
내리던 함박눈이 다시 공중으로 치솟아 오릅니다

옆으로 사뿐히 날아가는가 했더니
배회하듯 돌아서며 다시 솟구치는 휘몰이장단의 영혼,
21g의 노명순입니다

나지막한 빌딩과
굽어 있는 골목이 배경인
걸개그림 한 장 걸어두고 치렁치렁,
온몸에 무명천을 두른 채 춤을 추고 있습니다

중중모리에서 세마치로
세마치에서 다시 휘몰이로
굽이치는 버선코가 서천(西天)에서 날렵한데

그 곁, 마음 심(心) 모양 소나무 굵은 가지에

박승미는 단아한 모습으로 앉아 있습니다

초록 머플러에 니트 털모자를 쓰고
보오얀 방석을 깔고 앉아
한바탕 흐드러지는 춤사위를 바라보고 있습니다

지상에서의 모습 그대로
저 세상이 밝아 이 세상이 하얀,

저, 춤이 끝나기를 기다리며 나는
무대 뒤에서 마지막 멘트를 준비합니다

석이버섯

전등사 암자 바위에 귀가 돋아났다

귀는 빛바랜 불경처럼 구겨진 채 듬성듬성 솟아 있었다

바람은 돌개바람,

연가시에 감염된 귀뚜라미는 물로 뛰어들고

추녀 위 나무는 두 손으로 귀를 막고 있었다

후일담이 궁금한 담쟁이넝쿨이 바위를 타고 오르고

귀는 풍문으로 배를 채우고

염불 소리에 바위는 스스로 깊다

당신은 너무 멀리 왔다고 산그늘이 되어 운다

선덕여왕

첨성대 옆
아담한 반송(盤松) 한 그루
목에 커다란 거미집 하나 달고 있다
무당거미가 걸어놓은 낡은 집에
새벽 이슬 가득 맺혀 있다
촘촘히 박혀 있는 크고 작은 방울들
아침 햇살에 보석처럼 빛나는데
가을바람 때문에
본체가 완전히 드러나 버린 집주인은 보이지 않는다
치렁치렁
가슴까지 드리워진 장식품을 몸에 걸고
향내를 풍기며
나무는 첨성대를 바라본다
검초록빛 머리 아래
숨어 빛나는 빛 하나, 그윽하고 깊다
모처럼 온기가 감돈다

겨울 산중일기

44번 국도변 산이 멧돼지처럼 앉아 있다
능선의 촘촘한 나무들,
곧게 서 있는 등의 털은 기름기가 돌지 않아 퍼석하다

능선 아래 올록볼록한 젖가슴, 눈을 덮고 있다
사람들이 봉분이라 부를 때 어미는 새끼를 들였다 한다

부음 소식에
눈에 덮인 젖가슴이 다시 한껏 부풀어 오르기 시작한다

식구가 늘 때마다
가슴이 파헤쳐지고 겨드랑이 솜털이 날리고 구름이 만장처럼 떠 있다

사람들이 떠나고 해질 무렵 가슴이 부스럭거리기 시작한다
늘어진 배를 발로 찬다거나
꼬물꼬물 젖을 빨며 한 삶을 준비하는 봉분은 빵빵하다

하루의 부양이 힘에 부친 듯
주둥이를 땅에 묻고 꿈쩍도 하지 않는 산
발아래 실개울 물은 말없이 흐른다

갓 태어난 몸이
저 물길 따라 새 세상으로 들어가는 봉긋한 숨소리에
산은 모로 돌아눕는다

아웃사이더

눈발 흩날리는 인사동 골목으로 2월의 찬바람이 불었다
리틀 네팔 카페를 지나는 순간
속삭이듯 바람결에 들려온 외마디 말 한마디

옴마니반메훔 천 원

돌아다보니 구릿빛 얼굴에 움푹 팬 눈,
짧은 콧수염의 남자가 청동처럼 앉아 있었다
아무런 표정도 없이 나를 바라보고 있었다

보드가야 수도승의 눈빛처럼
유난히 하얀 눈자위 속 깊고 그윽한 검은 눈동자
맨발이었다

곁에 있는 잡다한 불가의 물건들은 그를 닮아 있었다
남루한 모습으로 한참 동안 나를 바라보다 다시 한 번 중얼거리는

옴마니반메훔 천 원

홑옷으로 몸을 감싼 채 나를 응시하는
웃음기도 없는 건조한 눈빛이 내 가슴을 관통하고 지나갔다

또다시 침묵이 흐르고 바람이 불고 눈발은 흩날리고
눈은 더욱 환하게 흩날리고 있었다

삼성의 금빛 물고기

폭우에 다리가 무너졌다 철로가 끊기고 나는 열차를 타지 못했다

그날 밤 꿈을 꾸었다 어느 깊은 산중이었다 캄캄 어둠 속 굉음이 나면서 갑자기 산이 흔들렸다 나는 소리 나는 쪽으로 급히 달려 올라갔다 산 뒤쪽에서 푸르스름한 광채가 치솟고 산은 무너질 듯 흔들리고 안개가 피어오르고 호수가 출렁거리고 우레 같은 소리가 천지에 진동했다 어둠 속으로 푸른 불빛을 흘리며 두 마리의 용이 뒤엉킨 채 하늘로 솟아오르고 있었다

나는 나를 이탈했다 빈집이 되었다

제3부

티벳버섯 시법(詩法)

굳이, 솔밭이 아니라도 좋다
응달이 아니어도 좋다
찬 공기, 새벽 이슬 마시며 여명을 맞지도 않는다
버섯이라 불리며
삿갓을 쓰고 앉아 있지도 않다

수도승이 영혼을 걸러내듯
아침마다 그렇게, 부풀어 오른 속을 걷어낸다

차마고도를 가듯
오체투지하며 차마고도를 가듯
아침마다 나는 병 속에 뼈대만 남긴다

그렇게, 나는 뼈만 남는다

민달팽이 달생(達生)

땅끝 마을
어린 민달팽이 한 마리 시멘트 포장된 해변을 가고 있다
오체투지로 죠캉사원을 향해 가는 순례자처럼 나아간다

바랑도 없는 몸으로
회색 바닥을 하염없이 기어가는 무욕의 행적
그림자도 맑다

시작도 끝도 보이지 않는 저 흐름을 무심히 따라가 본다

세속을 버리면 바쁜 일이 없어지고
바쁜 일이 없어지면 마음이 편안해진다는데

편안한 것이 길이라면
체액이 남겨두고 가는 흐릿한 선, 저것이 길이다

저 느림이 나에게
죠캉사원으로 가는 길 하나를 가르쳐주며 가고 있다

부소산성초

한 무리의 병정개미들이 줄지어 산성을 오르고 있다
그 행렬을 따라가는데
뒤에서 하이힐 굽 소리가 요란하다
젊은 여인들
검은 버버리 코트 앞섶을 풀어 젖히고
머플러를 휘날리며
어깨에 둘러맨 검은 가방끈을 움켜쥔 채
급히 뛰어오고 있다
백제의 흥망사에 몰두하며 부소산성을 오르던 나는
한참 동안 그들이 사라진 산성 안을 바라보았다
어딘가에서 말의 울음소리가 들려오는 듯
전황이 급변한 듯
사람들이 비켜서고
병정개미들의 행렬은 끝없이 이어지고
황산벌 아비규환도 아랑곳없이 햇볕은 따가운데
가죽가방 속에 어떤 소식이 들어 있는지
나는 잰걸음으로 산성을 올라갔다
해는 서쪽으로 기울고 있었다

유마연못

불그스름하게 물든 복자기 이파리 하나
연못 위에 내립니다

잔잔한 수면에 어쩌면
풍덩 빠질 수도 있겠습니다만
내려오는 발걸음이 어찌나 가벼운지
주변의 숨결조차 고요합니다

엷은 파문이
가장자리까지 둥글게 퍼지고 있습니다

광배같이
떨어진 잎은 배경이 그렇게 넓습니다

작은 잎 하나를 보는데
어찌하여 내 속이 자꾸만 넓어지고 있는지요
또 이렇게 밝아오는 것인지요

겨울 저도 어장

누군가는 한 발을 쭉 뻗으며 뛰어들고
누군가는 건져 올리고
누군가는 소리친다

때로는 입상불이고
때로는 좌불이고
때로는 와불인

산사처럼 출렁이는 그늘을 가진 저, 묵직함

뭉툭한 붓으로 휘갈겨놓은 수묵화 한 장

검은 구절초

영평사 막다른 골목길, 기억난 듯 불이 켜졌다

푸른 어둠 속으로 희뿌옇게 솟아 있는 둥그스름한 외등 하나

여기가 길의 끝이라는 것을 알리고 있었다

별의 그림자가 산신각 지붕 위에 일렁이며 어둠을 삼키고

그 뒷산 주변으로 구절초가 오로라처럼 번지고 있었다

반야용선은 어디에도 보이지 않았다

북극점에 선 것처럼 나는 더 이상 나아갈 곳이 없었다

빙산이 떠돌듯이 기억들이 떠다녔다

가만히 올려다본 불빛, 이목구비가 닮았다

네게로 가는 길은 공중에 있었다

즐거운 사추기(思秋期)

속옷을 갈아입고 나간다는 것이 그 위에 껴입고 나갔다
양복을 입고 나가다가 바람이 차다기에 양복이 들어 있는 코트를 그냥 걸쳐 입고 나갔다

나도 모르게 몸이 무겁고 불편한 날

화장실에 가서야 속옷 두 벌 입고 나왔다는 것을 알았다
속주머니에 지갑이 없다는 것을 알고 당황해 찾다가 양복을 덧입고 나왔다는 사실을 알았다

지나가는 레미콘차를 보고 리모컨차라 했다
아이들이 웃기에
왜 웃는지를 모르고 몇 번이고 그냥 리모컨차라 한 날 오후
아내는 치매 초기 증상이라며 병원에 데리고 갔다

간호사가 다짜고짜 속옷을 걷어 올리고 의사가 차가운 청진기를 들이댔다
가슴이 시렸다

순간 치매 이야기는 잊어버렸다

물어보고 싶은 이야기들은 하나도 생각나지 않고 그저 웃음만 나왔다

참 좋아 보이시네요

사랑의 무게

뒷산 오리나무 한 그루 베어내는데 왜 이렇게도 내 가슴이 아려오는지
더 자라면 집을 덮칠 수 있다는 말에
50년은 족히 넘은 나무밑동을 전기톱으로 자르는데
말벌들이 달려들고
말라깽이 쑥부쟁이가 몸부림을 치고
톱은 갈수록 굉음을 내고
내 몸은 땀으로 범벅이 되는지

내 속은 바위보다 더 무거웠다

쌍룡동굴

저기는 빈집이다
귀를 기울이면 소리가 들린다

누구도 두려워하지 않는 낡은 이야기들을
암벽에 층층이 쌓아두고

땅은 더 이상 용을 키울 집이 되어주지 못한 채
바람으로 배를 채우고 있다

그 입구
갈참나무에 등을 기대고
나는 속이 빈 고치처럼 오래도록 서 있었다

문득 내 속을 박차고 오른 쌍룡이 생각났다

북쪽 바다에 용이 있다고 했다

연자나무

안정
수목원에서
자란 단아한 나무
먼 바다를 닮은 나무
눈보라 속에서도 꼿꼿한 나무
겉보다는 속에 옹이가 더 많은 나무
그 잎 속에 내가 둥지를 틀고 있는 나무
쑥 캐러 가자며 나를 쑥스럽게 만드는 나무
잎이 무성해 천 개의 바람을 품고 있는 나무
매년 오월이면 온통 하얀 꽃으로 뒤덮이는 나무
등에 가만히 귀를 대면 파도소리가 들려오는 나무
가뿐하게 하늘을 이고 앉아 눈물을 읽으라 하는 나무
내가 곁눈을 팔거나 흐트러질 때마다 바른 길로 인도하는
내가
사랑한
화중군자
꽃말 순결 인내 화목
지금은 루치아라 불리며 약현성당에 서 있는 나무

갈뫼수목원

겨울나무 한 그루 동그마니 벌판에 서 있습니다
멀리서도 한눈에 띄었습니다
이파리는 하나도 달고 있지 않았습니다
잔가지들이 머리를 풀고 있는 것 같았습니다
주변엔 미끈한 노송들도 많았지만 홀로
겨울을 나는 것 같았습니다
바람은 불고
눈은 펄펄 내리고
나는 저만치서 눈에 덮이는 나무를 바라보고 있었습니다
가까이 가보지 않고서는 이름을 알 수 없는
차갑게만 느껴지는 한 그루 나무
그러나 어느 한 곳에 뜨거움이 있을 것만 같았습니다
고택의 정자와 어울릴 것 같은
내가 저 나무를 왜 그렇게 생각하는지
골몰할수록 눈은 쉼 없이 내리고 내려서 쌓여
나무는 형체를 잃어가고 있었습니다
결국 다가가지 못하고
그냥, 내 속, 수목원에 옮겨두기로 했습니다

폐교

학교 간판이 걸려 있던 자리에 돌기가 돋아났다
깃대는 바람처럼 서 있었다
운동장에는 잡풀들이 빼곡히 나 있고
처마 밑 안개꽃 사이사이
흰 분홍 패랭이꽃 옹기종기 모여 있었다
교실 문을 열자 유년의 향기가 뿜어져 나왔다
바닥에는 벌레의 동선도 어지러이 널려 있었다
이제 초로의 플라타너스 그림자가
길게 몸을 늘어뜨려 교단을 지키고 있는 교실에서
배움은 여전히 진행 중이었다
바퀴벌레들이 자리를 찾아 재빨리 몸을 움직이고
아예 몸을 바꾸어 보겠다고
거미 몇은 칠판 모서리에 기숙을 하고 있었다
여기저기서 이름 모를 벌레들이 고개를 내밀며
부끄럼을 타고 있었다
창으로 들어오는 햇살만은 여전했다
누군가를 기다리고 있었던 것처럼
다만 구부정하게 조금은 여리고 메말라 보였다

그 속을 부유하던 미립자들이 수런거리며
미소 짓고 있었다

달맞이꽃

여인은 촛불 앞에 꼿꼿이 앉아 있었다
가지런히 두 손 모으고 눈을 감고 있었다
심지 타는 냄새가 났다
여인의 그림자가 헤진 일기장처럼 벽에 어른거렸다
내부의 어둠이 불꽃 따라 움직였다
자정이 넘도록 꼼짝하지 않고 앉아 있는 여인
직립하고 있는 것이 불꽃이라면 저것이 불꽃이다
멈칫, 묵주를 돌리던 손이 잠시 멈추었다
여인은 등을 곧추 세웠다
얼굴이 편안해 보이고 묵주 알이 거울처럼 빛났다
창이 밝아왔다
한 번도 무언가를 위해 흘려보낸 것도 불태워 본 적도 없는 나는
밝아오는 창을 바라보며 무작정 달맞이꽃을 생각하고 있었다
골방에 장승처럼 누워 있었다

펌프를 박다

무를 뽑아내고 밭을 팠니더 처음에는 어느 정도 깊이 파야 물이 나오는지 몰랐심더 무턱대고 일주일 동안 한 길 넘게 팠잖니껴 마사토 흙이라 살살 달래가며 팠니더 물이 조금 비치디더 그제사 쇠파이프를 땅에 박았심더 관을 박아놓고 조심스레 펌프질을 했더니 찍찍 소리만 나고 물은 안 올라오디더 보시더 그리 살살 다뤄 물이 나오겠니껴 해저댁의 말을 듣고 다시 콱 물을 붓고 또 붓고 어루만지듯 또 붓고 기다리다 다시 붓고 나중에 한꺼번에 펌프질을 했더니 물이 쏟아지디더 신이 나 한참을 퍼내다 보니 땀에 흠뻑 젖었니더 숨이 찼는지 쇠파이프도 달아올라 철퍼덕철퍼덕 소리를 내디더

해저댁이 얼마나 좋아하는지

빈집

영지정사 입구
곧 허물어져 내릴 것 같은

휘늘어진 울타리들이 문장(紋章)처럼 펄럭이고
뻐대는 삭아 중심이 기울어져 있습니다

뚜렷한 청홍의 색조들이 무채색으로 변해 있는
흔적만 남은 부뚜막
가마솥에 내려앉은 먼지가 너무나 곱습니다

아궁이 가득
활활 타오르던 불길로 온몸을 데우던 시절
불을 지펴주던 사람이 있었습니다

한때,
번창한 누대의 족보들로 팽팽했던 집

만삭이었던 시절이 언제였는지

내밀한 곳에 폐허 된 궁 하나 간직한 집이
우주를 닮아 있습니다

내용물들을 쏟아낸 집은 블랙홀 같습니다

활성은하 YKK1128을 탐색하듯 가만히 그 이름을 불러봅니다

마가목 지팡이가 서까래를 받치고 바람보다 천천히
막, 길을 나서고 있습니다

회화나무 그늘이 그늘을 지워주고 그, 무성한 잎들이
광배처럼 빛나고 있습니다

유마행(維摩行)

치자꽃 한 송이 시들어
떨어지지 않고 가지에서 메말라가고 있다

단정하게 꽃잎을 오므리고 있는 것은
생각이 깊기 때문일까

그 속에
까만 씨앗 하나 눈을 뜨고 있다는 것은
또 얼마나 신나는 일인가

제4부

분강초당

옥양목을 걸친 듯
겨울 들녘에 홀로 서 있는 나무

귀머거리 바위 아래 묵묵히 서 있는

저 먼,
한 그루의 나무

뒤척거릴수록 바위는 물속 깊숙이
나무는 하늘 높이

달마 절집, 거미집

불명산 쌍계사 대웅전 앞마당
아름드리 연리근 괴목나무 둘레를 싸고 있는 돌담 암굴에서
작은 거미집을 발견했다

거적을 친 것처럼 허술하게 얽어놓은 집
집은 몹시 흔들리고 있었다
그네를 타는 것 같기도 하고
바람에 흔들리는 것 같기도 하고
불청객에 놀랐는지 쉼 없이 몸을 흔드는 바람에
그 형체를 분간하지 못했다
멈추기를 기다려 신분이나 이름이라도 알까 했지만
흔들림은 내가 그늘에 머무는 동안 더욱 심하게 계속되었다

생각 없이 들여다보고 있는 내 속을 꿰뚫어보고 있다는 듯
아예 나 같은 것은 안중에도 없다는 듯
눈길조차 주지 않는 그를 생각하다가 나는 슬며시 그늘을
빠져나왔다

>

용맹정진 중인 그에게서
굳이 더 이상 아무것도 알려고 하지 않았다

화엄

밥 다 퍼낸 가마솥

덮어둔 뚜껑을 열자 열기가 확 올라왔다

구수한 냄새도 함께 올라왔다

노릇노릇 바닥 가득 깔려 있던 누룽지, 가장자리가 둥글게 일어났다

중심을 잡고 몸을 말아 일어나는 저, 단단함

활짝 피어난 꽃

불편한 몸을 힘주어 일으키던 어머니의 아랫목이 보였다

밥이 일어선 자리

그 열기 속,

연신 뿜어져 나오는 이, 구수하고 구수한 냄새

둥글고 깊은, 당신 몸의 향기

날마다 좋은 날

무릉계곡 개울가 금강송 한 그루
물가 쪽으로 뻗어 있는 줄기와 가지는 거울이다

바위 사이를 빠져나온 물은
적광전 부처님께 이르기 전에 예서 몸단장을 한다

목말 태워 내려오던 낙엽 한 잎 내 종아리에 부려놓고
바삐바삐 움직이는 물
용추폭포를 지나며 흐트러진 모습을 정리하는데
우선 얼굴부터 들여다본다

그냥은 맑아 보이지만
금강송 불그스레한 가지에 비춰보니 얼룩이 비친다

뿌리에 채이고
바위에 부딪치고
햇볕에 그을린 살갗

금강송 밑동 아래서
분주하게 얼굴 화장을 고치고
멍든 피부를 보듬고
잠시 머물다
옷매무새를 가다듬으며 다시 내려가는 물, 뒤태가 곱다

내려다보는 금강송 미소가 흐뭇하다

분천헌연도

솟을대문 옆
아름드리 회화나무, 몸통이 검다

시멘트 반 옹이 반

옆구리 가득한 빗금들과
바람이 대필해놓은 온몸의 상형문자
언제 해독이 가능할지

긍구당 지붕 위
와송이 만발하다

벽수나무

노숙공원 옆은 묘목장입니다

발아를 위해 칠월에도 두툼한 옷을 걸치고 진화를 꿈꾸고 있습니다 노거수가 햇살을 들여보내고 산들바람을 불러들이자 잔털이 돋기 시작합니다 이제 지붕을 만들고 이불을 덮어주면 떡잎이 올라오겠죠 털은 입까지 덮어 곧 말문이 막힐 것입니다만 밤에는 남몰래 별을 불러와 대화도 할 겁니다

나무 냄새가 코를 찌릅니다

나는 이제 처음으로 이름을 지어주고 팻말을 붙일 작정입니다 그 농원에서 나도 한 그루 나무가 되고 싶습니다

루치아 할머니의 무위농원

아흔세 살 루치아 할머니의 활동 반경은 점점 줄어 툇마루 정도다

30평 남짓한 마당이 풀들로 가득하다

언제부턴가 바람이 씨앗을 날라다 뿌리고 구름이 물을 주고 있다

할머니 눈길이 풀의 몸을 속속들이 어루만져줄 때 풀은 비로소 꽃을 피운다

깊어가는 풀숲 한 구석에 갓 피어난 금낭화

치마 속주머니 같은 흰 꽃들

이제 고요가 주머니 속을 가지런히 채우고 있다

무당벌레 한 마리 툇마루를 오른다

간밤에 별이 다녀간 자리마다 맺힌 투명하고 해맑은 것들로 공궤를 하고 있다

풀잎이며 꽃잎이며 열매들은 더 이상 소리 지르지 않는다

어떤 법문도 들려오지 않는 가벼운 아침이다

난꽃

귀도 먹고 눈도 멀고 허리는 꽃꽃하다

꼬장꼬장하던 날들은 가고 그림자도 휘늘어졌다

여러 날 동안 물을 주지도 않고 추운 베란다에 내놓으니 고요하다

눈을 감고 있어도 방 안으로 스며드는 암향(暗香),

대책도 없이

그러나 혓바닥을 내민 얼굴은 환하다

시집 앵무새 학당

방산(芳山)이 책을 만들고 노평(老平)이 해설을 쓴 시집 한 권 가지고 싶었다 시력 50년의 방산과 노평, 그 온기를 느끼고 싶었다

스승이 있고 제자가 있으니 학당이라 했다 간판이 3할은 차지한다는데 문제는 내세울 학당의 이름이었다

내 어눌한 말투와 어쭙잖은 글 솜씨, 그러나 당돌해지고 싶었다

문득 버드랜드 앵무새가 생각났다 나를 보고 서슴없이 다가와 뭔가를 중얼거리던, 한참 동안 나를 요모조모 훑어보던 눈빛, 애틋한 정감이 북명(北溟)을 닮아 있었다

앵무새 학당이라 이름 붙이니 내 몸에 날개가 돋아났다

한 마리 새가 되어 비상했다

명농당

평화동 언덕길에 있는 조그만 빵집

볼록하고 오목한 빵들 줄지어 놓여 있는 진열대는
초가집 촘촘하던 부내마을이다

갓 구워 나온
누릇누릇 봉긋한 단팥빵

빵과 빵 사이
들여다볼수록 걸어 들어가 그 품에 안기고 싶은 사잇길

탈곡을 막 끝낸 볏단들을 모아
두툼하게 지붕을 덮던 날
풀어 헤쳐진 잘 익은 볏짚에서는 구수한 냄새가 났다

캄캄한 오븐 속에서
노랗게 부풀어 오른 뜨거운 生

열어보니
하얀 속살 속 캄캄한 것들, 햇살에 빛난다

어깨동무하고 싶다

철자에 대한 고민

낫 놓고 ㄱ도 모른다고 할 때
난감하다

세워도 낫
눕혀도 낫이지만
ㄱ ㄴ ㄷ ㅁ ㄲ
세우고 눕히고 겹쳐도 보는 양손의 낫

툇마루에 먼지 쌓인 낫을
취금헌은 세우고 매죽헌은 눕히고
집현전 학사들이 밤새워 번민한 첫 자음

아느냐 너는
갓이라 하지 않고 낫이라 해야 하는 것을
낫은 ㄴ으로 통하지 않고 ㄱ으로 통하는 것을
그것이 우주인 것을

찾을 수 없다

서원 뒤 농막 헛간에 누워 있는 철자들
세우니 가난이고 눕히니 혼돈일 뿐

자음과 모음 꿰맞추는데 날이 샌다

긍구당지(肯構堂池)

새벽마다 물안개가 내려앉는 수면
배롱나무에서는 분내가 난다

어떤 일렁임 하나 없는 고요,

비녀를 꽂은 듯
가장자리가 길쭉이 삐져나온 옥색 구름 한 조각
오늘은 한참을 머물다 간다

온종일
아무도 다녀가지 않은
당신의 함색경을 닮은 분천리 방죽

금강소나무 한 그루
실없이 얼굴을 비춰보고 있다

티 없이 맑고 포근한 어린 날의 명경
지금도 내 속에 있다

서원의 모두 틀림

아버지 젊은 시절 꿈에 저승사자를 따라 안개 자욱한 길을 따라 걸어 들어갔다 커다란 대문을 들어서니 넓은 마당이 보였다 문지기가 어디서 온 누구냐고 묻기에 이름과 주소를 일러주었다 넓은 마당에 이르렀을 때 높다란 대청마루에 앉아 있던 염라대왕이 왜 왔느냐고 묻기에 불러서 왔다고 대답했다 장부를 뒤적이며 명단을 확인하던 염라대왕 이름이 없다며 잘못 불렀으니 내려가라고 했다

꿈에서 깨어나 보니 병풍이 둘러쳐져 있고 곡소리가 요란하더란다

병풍 뒤에서 나오신 아버지 놀란 어머니에게 태무심하게 마당이 왜 이리 소란스럽냐며 무슨 일이 생겼느냐고 물으셨다 한다

명부에서 빠져버린 아버지 이제 백수를 바라본다
치매가 점점 심해지고 있다

털오리나무 사랑

사람도 털털한 사람이 좋듯이
나는 털오리나무가 좋았다

나름대로 밑동 아래 옹달샘 하나 두고
생각날 때마다 들여다보며 매무새를 다듬는

어설프지도
그렇다고 세련되지도 않은 수수한 모습으로
비탈의 그늘이 되어주는 나무

제멋대로 자란 가지들이
조금은 우스꽝스러운 모습으로 엉거주춤 어깨춤을 추는

생각하면 할수록 내 속이 환히 밝아오는
미소 짓는 듯한 그 나무가 좋았다

고택의 정자와는 어울리지 않는
눈에 쉽게 띄지도 않고 뭇 사람들 그냥 지나쳐버리는

그러나
가슴속 어딘가 목록을 정해둔 듯
내가 곁을 지날 때마다 가지를 흔들며 먼저
고개 숙여 인사하는
요요한 자태

푸른 눈빛이 너무나 좋았다

등공탑

문득, 탑은 백지장이다
총구 위 떠오르는 파쇄된 연기처럼 얇다

전면에 남아 있는 탄흔

천연덕스럽게
한 발 한 발 미소로 막아내며
그때마다 허공으로 날아오른 등신불

검은등뻐꾸기가 울어대고
솔바람이 폭풍처럼 불어올 때
몸은 벗어버리고
영혼만 연화세계로 들어선 찰나의 순간

내 안에도 퍼석하게 떠오르는 연기 한 줄기 있다는 거
몸이 둥둥 떠오르는 탑 하나 서 있다는 거
미처 알지 못하고 있다가

>

나는 문득 돌이 된다
누군가의 땀 냄새에 더욱 하얗게 얇아진다

야단법석, 3월

남식이네 3학년 3반 교실은 바다다
가오리도 있고 우럭도 있고 장어도 있다
울퉁불퉁한 멍게도 있다

입이 큰 창수는 아구다
이마가 넓은 승기는 문어다
문어는 천재다
순하고 착한 남식이, 덩치가 크고 험상궂게 생겼다고 백상아리다

수업 첫날 담임선생님
바다 속을 대충 한 번 쓰윽 훑어보더니 다짜고짜 남식이 반장을 시켰다
벼락을 맞은 듯
남식이 굳이 못하겠다고 항변했지만
해일이 휩쓸고 가듯 바다는 요란스럽게 출렁거렸지만

한 마디로 일면불(日面佛) 월면불(月面佛)이라며 묵묵부답

인 담임선생님,
알고 보니 선생님은 불가사리였다

별똥별로 바다에 떨어진 불가(佛家)의 사리(舍利)였다

루치아 별

처음에는 먼지였다 어둠 속을 작은 입자들이 떠다녔다 떠돌던 입자들은 뿌연 덩어리가 되어 부유했다 그 속에 적막함도 같이 떠다녔다

방랑하던 점들이 밀집되고 부딪치고 뜨거워지기 시작했다 어둠이 불그스름한 빛을 띠며 뭉글뭉글 피어올랐다

검붉은 구름꽃들이 화염처럼 솟구치다 일순간에 블랙홀 속으로 빨려 들어갔다 캄캄 어둠 속 빛이 보였다

이윽고 내 가슴 한쪽이 밝아오기 시작했다 처음에는 그것이 별인 줄 알지 못했다

해설

택시는 간다

최종환(문학평론가)

한 줄의 문장과 씨름하는 푸른 밤
몰두할수록
나는 더욱 가벼워진다
—「벽암과 놀다」 중에서

1. 리프로그래밍

당신은 지옥의 화염불 때문에 고통스러워한다. 지옥에 갈 것이라 믿는다. 그런데 곰곰이 보면 당신을 괴롭히는 것은 그 화염불보다 그것에 대한 '생각'이다. 그 생각이란 것도 어디선가 읽거나 주워들은 '낱말'이다. 그런 류의 낱말이 많을수록 불길은 더 타오르고 당신의 혈압은 올라간다. 무간 지옥을 믿느냐 아수라 지옥을 믿느냐도 둘 중 어느 쪽 낱말을 많이 들어왔느냐에 달렸다. 촉각적 낱말을 좋아하는 당신이라면, 지옥은 뾰족한 죽창이 살을 찢는 곳일 것이다. 당신에게는 이것이 '진짜' 현실이기 때문이다. 낱말을 살피지 않고 고통을 벗어나기 어려운 이유다. 불안을 넘는 실제적 방법에 대해 NLP(Neuro-Linguistic Programming) 심리학은 이렇게 말한다. 번뇌를 불러오는 낱말들의 크기나 색깔만 살짝 조정해보라고. 또는 불 색깔을 흑백으로 돌리거나 염라대왕이 나오는 배경 화면을 보랏빛으로 칠해보라고. 공포란 것이, 상습적으로 써온 낱말들의 화면이므로 이 노력 속에서 당신은 편안해질 수 있다고. 다시 말해 고통스런 화면을 흐리게 만드는 낱말의 닻(anchor)만 만들어서 거기 걸어주면 마음이 다시 프로그래밍 된다는 뜻이다.

『벽암과 놀다』에서 이명 시인이 하는 작업도 이것이다. 그는 번뇌를 유발하는 낱말들의 '체액을 흐릿하게'(「민달팽이 달생(達生)」) 하려 한다. 고통의 "그림이 엷어지고 나는 말라갈 것"이라고 말하면서.(「창틀 수묵화」) 그 낱말의 그림을 다르게 그리거나 써나가면서 자유로워지려는 것이다. 그는 그간 써온 낱말을 다시 매만지며 삶의 '먼지'를 다감한 '어둠'에 섞기도 한다. 이때 부드러워진 먼지는 그에게 '빛'으로 경험된다. "연가시에 감염된 귀뚜라미"처럼 걸어온 삶의 화면을 조정함으로써, 지난 삶의 늪으로 뛰어들지 않으려는 것이다.(「석이버섯」) 이 시인은 어떤 경우에도 고통의 화두를 관념적으로 다루지 않는다. 낱말이 불러일으키는 대상의 실제를

누구보다 분명히 바라보기 때문이다. 이번 시집에서 그는 진지한 선(禪)의 화두를 다루되 그것을 선배 시인들이 만들었던 수레에 올리지는 않는다. 그들 수레는 기승전결이라는 안이한 시적 구도 안에 번뇌를 너무도 손쉽게 올려왔다. 나르시시즘 이상의 것이 아니었던 것이다. 이명 시인의 『벽암과 놀다』는 그들의 실패를 다시 실패함으로써 우리를 낱말의 피안으로 데려가는 택시다.

2. 건네진 선물

세상이, 말들의 집이라는 사실을 절감하는 자는 승려가 아닐까. 집착을 부르는 언어를 게워내는 법을 누구보다 잘 아는 이는 그중에서도 불승이다. 그러나 잘 아는 자가 반드시 잘 하는 자는 아니다. 말들을 버리려고 선방에 앉는 자는 그것을 누구보다 강렬히 쥐어야 하기 때문이다. 그들 대부분이 평생에 걸친 면벽을 해왔던 이유도 이 때문일 것이다. 낱말 바깥으로 가기 위한 노력은 이토록 처절하다. 그런데 시인도 이 문제만큼은 일가견이 있는 사람이다. 그러나 그는 승려와 달리 낱말을 어르고 달래며 낱말의 피안으로 걸어갈 줄 안다. 문제는 이 피안이라는 게 낱말의 완전한 바깥이 아니란 사실에 있다. 그는 언어 바깥으로 함부로 외출하는 법이 없다. 벗어나는 법이 뭔지 모른다. 다만 말들을 헷갈리게 하여 진을 빼놓는 데는 선수다. 때때로 시인의 손에 오른 어떤 낱말들은 어떤 것도 지시하지 못한다. 지시체가 허공이기 때문이다. 텅 빈 공(空)의 접시에 오른 말은 옷을 벗지도 못한 채 다른 공(空)의 접시 위로 오른다. 그런데 두 접시는 하나다. 말이 가리켜 온 '현실'은 흐려진다.

크리스마스가 다가오는 어느 날 오후
부산으로 옮겨온 한국거래소 본사로 가기 위해 택시를 탔다

거래소 통합 상황을 대충 아는 나이 든 택시기사
"선물거래소 말이지예?"
"네, 그쪽으로 갑시다"
가는 도중 힐끗힐끗 내 눈치를 살피더니 조심스럽게
"고민이 하나 있어 그런데에 뭐 하나 여쭤 봐도 되겠습니꺼?"
"예, 무엇이든지요"
"어린 손녀 선물(膳物)을 살려고 그러는데 뭘 사야 할지 몰라서예
며칠 동안 고민 중에 있심더
거기 거래하는 선물 중에 뭐 마땅한 거 없을까예?
좀 골라봐 주이소"

몇 년 동안 선물(先物)거래소 손님을 태워 주었다는 택시기사

궁금하긴 했어도 그동안 참고 참았던 질문이었다

번쩍, 눈이 뜨이는 순간이었다

—「어떤 소통」 전문

크리스마스 가까운 어느 오후, 택시를 탄 시인이 선물거래소로 가고 있다. 택시기사가 시인에게 묻는다. 거기 가면 어린애들이 좋아하는 선물이 좀 있냐고. 가족의 선물을 고르려 거기에 가는 줄 알았나보다. 이 택시기사의 머리에는 이른바 '아버지가 방에 들어가는' 사태와 '아버지 가방에 들어가는' 사건이 한꺼번에 돌아간다. 선물이 선물(膳物)로 들려오는 이런 시추에이션은 '귀머거리'들의 것이다. 일상어에 귀 막아왔을 이 사람에게 선물은 '명사'가 아니라 서술어 '–이다'의 주위를 흐르는 '날말'이니까. 그런데 시인에게는 이 사람이 생각하는 선물이 '진짜' 선물처럼 느껴진다. "레미콘차를 보고 리모컨차라 했"던(「즐거운 사추기(思秋期)」) 지난날이 흐뭇이 되살아나기 때문이다. '모래톱으로 밀려와 모래사장을 바꾸는 거품꽃'처럼(「붉은 쏨뱅이」) 시인은 현실이 그렇게 다시 피어나고 있음을 느끼는 것이다. 귀머거리 둘을 태운 택시가 선물거래소로 간다. 비는 내리고 어느 신호등 앞이다.

비 내리는 마로니에 공원 앞 횡단보도
한 움큼의 약 봉지를 받아들고 약국을 나왔다
신호등은 선혈처럼 붉었다
맞은편 신호등 옆에는 박인환이
만삭의 젊은 여인과 함께 핏기 없는 얼굴로 서 있고
그 곁에 버버리 옷깃으로 얼굴을 반쯤 가린 김수영이 서 있었다
몇 사람 건너 백석이 창백한 얼굴로 서 있는 것이 보였다
하늘에서는 이상이 반팔 옷을 입고 비를 맞으며 막 내려오고 있었다
저들은 왜 또 추적추적 비를 타고 내려와 여기에 있는가
태우다 남긴 꽁초와 마시다 남은 해장술과
마무리하지 못하고 버려둔
너덜거리는 몇 줄의 시 때문인가
잎은 지고 바람은 불고 비는 내려 질척한 보도에서
나는 플라타너스 줄기를 타고 흘러내리는 빗물을 바라보며
저들이 길을 건너올 때까지 기다리며 서 있었다
떨어지는 누런 잎을 바라보고 있었다

—「몽유병 환자처럼」 전문

비 오는 날 "신호등"은 빛나는 기둥 같다. 신호등 거리 맞은편에서 이상한 낱말들이 시인을 바라본다. 핏기 없는 얼굴

로 선 "박인환"이라는 낱말, 버버리 옷과 반팔 옷차림으로 선 "김수영"과 "이상"의 낱말이다. 선물(先物)이 선물(膳物)로 넘어온 것처럼 신호등 저편과 이편의 낱말들이 서로 넘나들고 있다. 죽은 자의 가슴속 말이 산 자의 가슴으로 걸어오고 현실은 "몽유"의 화면이 된다. 이승은 아무것도 지시하지 못하는 영상이 되어 '플라타너스 줄기를 타고 흘러내린다.' 혼곤한 빗물의 자리에 춤이 일어난다. "꽁초와 마시다 남은 해장술과/마무리하지 못하고 버려둔 너덜거리는 몇 줄의 시"가 전부인 귀머거리들이 춤추고 있다. 이명 시인은 이 자리를 가리켜 농암(聾巖)이라 부른다. 몽유의 택시가 그곳으로 간다.

3. 농암의 문장(紋章)

농암(聾巖)이라는 말은 귀머거리 바위라는 말인데
귀머거리 바위는 바위에도 귀가 있다는 것인데
귀가 먹었다는 바위를
백부님은 평생 가슴에 애지중지 품고 다니셨다
종제(從弟)는 그것을
가송리 애일당 정자 아래 귀하게 모셔다 놓았다
몇 차례 옮겨 다닌 세월에
부서져 조각난 것을 정성스레 맞춰놓기는 했는데

내가 보기에 아무래도 귀가 사라진 것만 같다
예전에
귀머거리 바위가 듣지는 못해도 춤을 추었다는 사실을
애일당구경첩 그림에서 보았다

—「분강송(汾江頌)」 부분

시인은 괴상한 돌멩이를 품었던 "백부"를, 한술 더 떠 그것을 정자 아래에 모시기까지 했던 "종제"의 모습을 떠올리고 있다. 어떻게 그들은 그럴 수 있었던 것일까. 그 못난 돌멩이에 치성까지 올린 까닭은 아마 그것이 '선물'로 다가왔기 때문은 아니었을까. 그 "귀머거리 바위"가 그들에게 춤의 허공을 보여준 것이다. 춤 속에서 이승의 낱말은 저승의 낱말로 접혀 들어왔을 것이다. 모지라진 돌멩이를 종제가 정성스레 맞춘 것도 그 춤이 삶의 다른 화면을 보여주었기 때문이다. 그렇다면 이 바위야말로 인간의 마음속 낱말들을 다르게 조정하는 근본 문장(文章)이었을 것이다. 농암 터에 피어난 잡풀 하나가 시인을 보고 있다.

목단강 발해 궁전 옛터
2궁과 3궁 사이
커다란 쇠비름 한 포기 납작하게 홀로
땅바닥에 붙어 있다

아직 공중을 돌아다니는
열기가 식지 않은 바람과 대면하며
평퍼짐하게
풀 한 포기 없는 통로에 바짝 엎드려 있다

궁에서는
섣불리 어느 한 줄기라도 일으켜 세워서는 안 되는
그 관습 그대로
녹색과 자색이 어우러진 도포를 펼치고 몸을 낮춰
이제는 아예
나사못처럼 박혀버린 잡풀 하나
폐허의 터에 문장(紋章)으로 남아 있다

—「쇠비름」 전문

땅바닥에 "쇠비름" 하나가 달라붙었다. 만(卍)자처럼 펑퍼짐하게 펼쳐져 있다. 그것을 보는 시인은 "마른 잎에도 도가 있고 불성이 있"다고 했던 부친의 말을 떠올린다(「중심을 잡는다는 것」). 찬란했던 옛 발해 궁터를 지금 이 폐허의 터에 올리는 쇠비름의 몸뚱이도 그에게 입을 연다. 당신이 써온 문장은 얼마든 다시 쓰일 수 있다고. 그때 당신의 정체성까지도 바꿀 수 있다고. 이 정체성 변환을 가능케 하는 게 "문장(紋章)"이다. 쇠비름이 드러내는 문장은 옛 발해를 역사책으로부터 꺼내 지금 이곳에 닻으로 내려준다. 세상 소리에 귀 닫아온 잡풀 하나가 이제 자기 귀에 고인 끈적끈적한 농을 마시멜로 같은 것으로 바꿔놓는다. 달팽이 점액과 같은 길. 그 길에 닿은 벽암 계곡으로 택시는 간다. 푸른 귀 달린 바위로.

4. 다시 쓰는 낱말

청량산 계곡은 도서관이다
푸른 이끼로 제본된 고서 한 권을 꺼내 읽는다
이끼들이 무성하게 자라나 촘촘한 표지에서
전단향 냄새가 난다
바위를 제목으로 게송(偈頌)을 서문으로
첫 장부터 알 수 없음으로 시작되는 목차를 뒤적인다
풍자와 독설을 본문으로 동문서답하는
곧추선 발끝마다 번뜩이는 푸른 이끼들의 화려한 군무
(群舞)
개나
소나
똥막대기나
뜰 앞의 잣나무나
문장은 짧고 단순하다

마음도 짐이 될 때 벗어 던져라 이르시는
송고백칙(頌古百則) 바위 속
묵직한 한 줄의 문장과 씨름하는 푸른 밤
몰두할수록
나는 더욱 가벼워진다

—「벽암과 놀다」 전문

'폭우가 쏟아지고 순식간에 길이 사라져버렸다'(「하늘 죽비」). 시인은 감격한다. '하늘만 바라보던 그에게 마음의 통로가 이제야 뚫린' 것이다(「하늘 문」). 마음속 낱말이 바뀌니 모든 게 달라진다. 그런데 이곳이 "벽암"이 맞는가? 그는 벽암에 가지 않았다. 쇠비름의 문장이 농암을 다르게 바라보게 했을 뿐. 이곳에서는 쇠비름과 다르지 않은 "개", "소", "똥막대기", "뜰 앞 잣나무들"이 자신을 "푸른 이끼로 제본된 고서 한 권"으로 만든다. 그가 읽어 온 문장(文章)들이 문장(紋章)들로 다시 쓰이는 중이다. 모든 것이 다시 읽혀야 할 사태로 변한다. 세상은 처음 보는 "도서관"이다. 시인은 다시 묻는다. 이곳은 어딘가? 농암에서 "게송(偈頌)"이 일어나고 있다. 바로 이곳이 벽암이었던 것이다. 허공을 보며 시인은 이렇게 고백한다. "북극점에 선 것처럼 나는 더 이상 나아갈 곳이 없었다"고(「검은 구절초」). 시공이 사라진 이곳에서, 푸른 벽암은 농암의 낱말들이 그려낸 영상이었음을 그는 알아챈다. 이제 남은 것은 '바라봄'이다.

있는 게 '바라봄'이라면 우리가 할 수 있는 것은 바라봄을 바꾸는 일이다. 현실을 써온 낱말의 크기를 바꾸고 색깔을 조정하여서 현실-화면을 다르게 변양하는 것이다. 이 화면이 어떤 것이냐에 따라 생은 달라질 것이다. 내 마음의 낱말을 요리하는 일이기 때문이다. 시인이 말한다. 철자들을 "세우니 가난이고 눕히니 혼돈일 뿐"이라고(「철자에 대한 고민」). 철자는 다시 쓰일 수 있다. 그것으로 새로운 삶을 만들 수 있다. 여기서 어떤 일이 벌어지는가. 내가 사는 곳을 "앵무새 학당"이라 부르니 "내 몸에 날개가 돋아"난다. 나는 "한 마리 새가 되어 비상"할 수도 있다(「시집 앵무새 학당」). 이곳에서는 "풀잎이며 꽃잎이며 열매들도 더 이상 소리 지르지 않"고 "법문조차도 필요없다"(「루치아 할머니의 무위농원」). 시인은 이제 행복한 낱말들의 도구다. 그 낱말들이 종종 제 진액을 빼낸다. 끈끈한 잉크가 돼 그를 써나간다. 그렇게 쓰인 삶의 책이 말한다. 익숙한 현실의 그림을 다시 그릴 때 당신이 선 그곳이 벽암이라고. 이제 시인은 "공중을 부유하며 바람을 타는 방법"을 배운다. "몸에 새의 문신을 새긴다"(「몸으로 말하다」). 새의 문장(紋章)을 가슴 곳곳에 넣어본다. '하늘'의 말과 '바다'의 말을 섞다가 이런 고백도 튀어 나온다. "하늘도 깊어지면 바다가 되는구나"(「하늘 바다」). 고통의 화면은 바뀐다. 택시가 가오리 모양으로 변한다. 바다 속이다.

5. 택시는 간다

남식이네 3학년 3반 교실은 바다다
가오리도 있고 우럭도 있고 장어도 있다
울퉁불퉁한 멍게도 있다

입이 큰 창수는 아구다
이마가 넓은 승기는 문어다
문어는 천재다
순하고 착한 남식이, 덩치가 크고 험상궂게 생겼다고 백상아리다

수업 첫날 담임선생님
바다 속을 대충 한 번 쓰윽 훑어보더니 다짜고짜 남식이 반장을 시켰다
벼락을 맞은 듯
남식이 굳이 못하겠다고 항변했지만
해일이 휩쓸고 가듯 바다는 요란스럽게 출렁거렸지만

한 마디로 일면불(日面佛) 월면불(月面佛)이라며 묵묵부답인 담임선생님,
알고 보니 선생님은 불가사리였다

별똥별로 바다에 떨어진 불가(佛家)의 사리(舍利)였다

—「야단법석, 3월」 전문

어쩌면 이 바다 속 풍경이 이명 시인이 우리에게 보여주려는 세상의 '실재'일지 모른다. 질문 하나가 떠오른다. 획일화된 낱말들을 천진한 아이들의 몸에 일방적으로 인각하는 공간이야말로 학교가 아니었던가. 그런데 어째서 시인은 저런 자리를 밝게 그려놓은 걸까? 시인은 그 공적 낱말들이 가득한 학급의 심해 속으로 들어간다. 들어가서 그 자리를 마시멜로처럼 부드럽게 매만진다. 심해의 화면이 환해지면 바다 속 어둠도 가벼워진다. 꽃을 피우고 싶은 시인의 소원을 이뤄주는 어둠이다. "가벼워지고 싶다는 말 속에는 어둠이 있었다…중략…어둠도 하얀 꽃으로 피어날 것이다"(「예안장터에서」). 이곳에서는 '반장', '부반장', '줄반장', '분단장'이라는 낱말도 죄다 귀여워질 것 같다.

이런 은유적 전환은 앞서 말한 NLP 심리학에서 거듭 중시해온 부분이다. 관성적 낱말들을 다른 긍정적인 방향으로 흐르게 함으로써 고통 바깥쪽으로 보게 해주는 기술인 것이다. 그것은 익숙한 언어를 버리는 게 아니라 깨뜨리는 것이다. "한 생각을 깨뜨려야 생사에서 벗어난다는 것", "허공에도 꽃이 핀다는" 믿음을 시인이 붙드는 것도 이 때문이다(「무문관 견공」). 바다 속을 헤엄치는 저 생물들도 은유 서술어 '-이다'의 덫 때문에 태어난 것이다. '-이다'는 진세의 대상들을 "아구"에, "문어"에, "백상아리"에, 그리고 "불가사리"에 걸어서 꽃으로 만들어준다. 바다 교실에서 창수는 아구-꽃이고 승기는 문어-꽃이며 남식이는 백상아리-꽃으로 돌아다닌다. 담임선생님은 불가사리-꽃인데 이 사람은 "별똥별로 바다에 떨어진 불가(佛家)의 사리(舍利)"다. 어두운 바다가 활기찬 컬러 영상으로 차오른다.

정리하며 생각한다. 시인 이명은 진짜 불교 '신도'일까? 신도라기보다 선(禪) 언어를 능하게 다루는 기술자로 비쳐진다. 그런데 이 기술이란 게 부처를 때려죽이는 기술이다. 붓다의 음성을 단지 스치고 지나갈 뿐인 그의 문장들은 진세의 땅을 모조리 불국토로 만들어 버린다. 혹시 이것이 유마의 길은 아니었던가(「유마행(維摩行)」). 귀먹은 농암이 왜 '-이다'로 출렁이는 벽암이었는지 이제 알겠다. 농암이 벽암으로 넘어가는 길목에서 낱말들의 신호등은 이전과 다른(같은) 돌기둥이 된다. 그 자신이 어떤 기둥이 되느냐에 따라 고통도 다르게 반짝이는 시그널이 된다. 시인은 말한다. "저 석주가 어디에서 무엇을 받치고 있었느냐를 상상해보는 것인데 그 때마다 묘하게도 내 신분이 달라져 있다"고(「북한산 석주(石柱)」). 삶의 심연이 환해진다. 목숨의 "태엽이 다시 팽팽해진"다(「살바도르 달리의 시계」).

시인 이명은 이렇게 되뇐다. "처음에는 그것이 별인 줄 알지 못했"지만 "이윽고 내 가슴 한쪽이 밝아오기 시작했다"고(「루치아 별」). 빛살 가득한 낱말을 몸에 넣으니 모든 게 다시 프로그래밍 된다. 먼지는 처음부터 빛이었다. 선물은 건네졌다. 택시 유리로 저녁 빛이 들어온다. 그의 눈부처 속으로 열심히 걸어가는 까만 낱말들이 들어온다. 긍정의 프로그램이다. 0과 1인.

한 무리의 병정개미들이 줄지어 산성을 오르고 있다
그 행렬을 따라가는데
뒤에서 하이힐 굽 소리가 요란하다
젊은 여인들
검은 버버리 코트 앞섶을 풀어 젖히고
머플러를 휘날리며
어깨에 둘러맨 검은 가방끈을 움켜쥔 채
급히 뛰어오고 있다
백제의 홍망사에 몰두하며 부소산성을 오르던 나는
한참 동안 그들이 사라진 산성 안을 바라보았다
어딘가에서 말의 울음소리가 들려오는 듯
전황이 급변한 듯
사람들이 비켜서고
병정개미들의 행렬은 끝없이 이어지고
황산벌 아비규환도 아랑곳없이 햇볕은 따가운데
가죽가방 속에 어떤 소식이 들어 있는지

나는 잰걸음으로 산성을 올라갔다

해는 서쪽으로 기울고 있었다

—「부소산성초」 전문

이 도서의 국립중앙도서관 출판시도서목록(CIP)은 서지정보유통지원시스템 홈페이지(http://seoji.nl.go.kr)와 국가자료공동목록시스템(http://www.nl.go.kr/kolisnet)에서 이용하실 수 있습니다.(CIP제어번호: CIP2016009723)

시인동네 시인선 051

벽암과 놀다

초판 1쇄 인쇄 2016년 4월 22일
초판 1쇄 발행 2016년 4월 29일
지은이 이명
펴낸이 고영
책임편집 이현호
디자인 헤이존
펴낸곳 문학의전당
출판등록 제311-2012-000043호
주소 서울시 은평구 연서로11길 7-5 401호
편집실 서울시 마포구 마포대로 127, 413호(공덕동, 풍림VIP빌딩)
전화 02-852-1977
팩스 02-852-1978
블로그 http://blog.naver.com/mhjd2003
전자우편 sbpoem@naver.com

ISBN 979-11-5896-253-1 03810